Charles Benoist

Démocratie organisée et Parlementarisme réel

Politique

ISBN : 978-1722302962

10 9 8 7 6 5 4 3 2 1

Charles Benoist

Démocratie organisée et Parlementarisme réel

Politique

Table de Matières

Introduction

Je n'ai pas la présomption de croire qu'on ait retenu les conclusions de l'étude parue il y a deux mois ici même sous ce titre : *Parlements et Parlementarisme*. Elles peuvent se ramener à deux principales et se résumer à peu près ainsi : Le parlementarisme, étant un fait moderne, européen et occidental, paraît être de tous les régimes le mieux approprié à nos pays en notre temps ; mais le parlementarisme anglais, qui a été le prototype des autres, a subi, en passant sur le continent, des déformations qui en rendent le jeu impossible ou très difficile, inutile et improductif. Néanmoins, comme on ne voit pas par quoi on le remplacerait et que, ni la dictature de quelque nom qu'elle se décore, ni la démocratie directe ne serait une solution, il faut donc *non point détruire*, mais au contraire *construire* le parlementarisme.

J'ai reçu à ce propos un certain nombre de communications, parmi lesquelles celle que m'a fait l'honneur de m'adresser M. le marquis Tanari, sénateur du royaume d'Italie, me semble mériter une attention particulière, et appeler une réponse publique, à cause de l'intérêt, on peut bien dire à cause de l'importance des questions qu'elle soulève. C'est cette réponse que je voudrais qu'on trouvât en ces quelques pages, heureux de l'occasion qui m'est à nouveau offerte de préciser davantage et de plus en plus des idées qu'on ne saurait sans danger laisser dans la vague, puisque l'expérience, si elle doit s'en faire, s'en fera sur le corps vivant des nations, et qu'en ces matières, par conséquent, les formules ne seront jamais trop nettes, ni les expressions jamais trop serrées.

« Théoriquement, écrit M. le marquis Tanari, il n'est sans doute pas contestable que, pour donner de bons résultats, le parlementarisme doit être en harmonie avec le milieu civil, politique et moral auquel on l'applique ; avec la géographie même, ainsi que vous le dites. » Je dis plus : il n'y a pas à considérer seulement le milieu déterminé par l'espace, mais aussi le milieu déterminé parle temps ; ni seulement la géographie, mais aussi l'histoire ; il n'y a pas seulement, pour les institutions politiques, des régions ou des climats : il y a des époques ou des âges, il y a non seulement une *aire*, mais une *ère* du parlementarisme. — D'autre part, « dans le fait, — c'est toujours M. Tanari qui parle, — il n'est pas contestable que le parlementarisme anglais, prototype de tous les autres, s'est déformé en passant la Manche. » Ici encore, il y a plus : en passant la Manche, le parlementarisme anglais ne pouvait pas ne pas se déformer, justement parce qu'il changeait de milieu, parce qu'il n'était plus dans le milieu civil, politique et moral auquel il s'appliquait, dans le milieu anglais, c'est-à-dire dans son milieu géographique naturel ; mais, en outre, il ne pouvait pas ne pas se déformer, parce que, comme le milieu géographique et « le facteur espace, » « le facteur temps, » le milieu historique ou chronologique avait varié.

En Angleterre même, au moment où les peuples voisins s'éprenaient un peu étourdiment du régime anglais, et tout à coup, dans l'orgueil de leur découverte récente, sans préparation, sans observation suffisante, avec un reste d'ignorance qui peut seule expliquer une admiration si chaude, s'ingéniaient à l'imiter ; à ce moment déjà, et sur place, par l'effet du temps, le régime avait subi nombre de déviations et d'altérations. Ces grands enfants n'avaient plus maintenant de trêve ni de repos qu'on ne leur donnât la belle mécanique, pour eux toute nouvelle, car jusque-là ils l'avaient méconnue ou dédaignée, portés qu'ils étaient auparavant, en leur loyauté monarchique encore intacte et par une espèce d'horreur instinctive de la double révolution où un tel régime s'était affermi et développé, à n'y voir qu'on ne sait quoi d'informe et de barbare. Fait pour l'état social anglais, pour le milieu civil, politique et moral de l'Angleterre, et de l'Angleterre du XVIIe siècle, ce n'est qu'à la fin du XVIIIe siècle que le parlementarisme commençait à gagner le continent, et ce n'est qu'au milieu du XIXe siècle qu'il s'y asseyait et s'y propageait. Mais ni le facteur temps n'était le même, ni le facteur espace ; et ce gouvernement anglais des environs de 1688 se trouvait deux fois dépaysé dans l'Europe d'après 1789 ; déguisé successivement ou simultanément à la mode française de 1815, à la mode espagnole de 1820, à la mode belge de 1830, à la mode piémontaise, hollandaise, autrichienne et prussienne de 1848, il avait peine à se reconnaître sous ces travestissements multiples ; c'était lui et ce n'était pas lui ; comme on croyait que c'était lui, tandis que c'était autre chose, et comme on croyait que c'était autre chose, alors que c'était lui, en vérité ce n'était rien. Il n'y avait pas en France, en Belgique, en Espagne, en Piémont, en Autriche, en Prusse, de parlementarisme anglais, parce que nulle part ce n'était l'Angleterre du parlementarisme ; et il n'y avait pas non plus de parlementarisme français, belge, espagnol, piémontais, autrichien, ou prussien, parce que partout c'était le parlementarisme anglais que l'on s'obstinait à copier et que l'on se flattait d'avoir.

M. le marquis Tanari m'accorde tout cela ; il ne conteste ni l'une ni l'autre de ces propositions, qu'il déclare volontiers « incontestables, » soit théoriquement, soit en fait. Il consent, enfin, que « rien n'est plus exact, *à mon point de vue*, que la conclusion dernière où j'aboutis : « puisqu'en l'état des choses, il ne peut s'agir de détruire le parlementarisme, il faut le construire. » L'avouerai-je ? Cet « à mon point de vue » me gâte un peu le plaisir que j'éprouve d'un assentiment presque sans réserve. « A mon point de vue ? » Serait-ce donc qu'en l'état des choses, disons qu'en l'état politique et social de l'Occident de l'Europe au XXe siècle, on se puisse placer à un autre ? Je tiens, quant à moi, qu'on ne le peut pas, ou du moins qu'on ne le peut qu'en négligeant tout ensemble le facteur temps et le facteur espace, qu'en s'évadant du milieu civil, politique et moral qui nous est donné, qu'en sortant des réalités, auxquelles on ne fait pas violence impunément, et qui un jour vous rattraperont bien ; ce qui est absolument ne le pas pouvoir. A quelques degrés de plus vers l'Orient, et à une centaine d'années en arrière, on le pourrait encore peut-être ; mais nous, en deçà du 30° de longitude Est, et en 1900, nous ne le pouvons point ; et, s'il n'y a pour nous que cette solution, c'est que pour nous il ne saurait y avoir un autre « point de vue. »

Au surplus, ce n'est là que comme une sorte de question préalable, extérieure au fond même du débat, et qui, tranchée dans un sens ou dans l'autre, le laisse subsister tout entier. Le vrai problème est celui-ci : étant admis qu'il faut non pas détruire, mais construire le parlementarisme, — et M. le marquis Tanari ajoute : « Je serais disposé à l'admettre, » — sur quel plan et sur quel modèle ? Car il y a, en ce point, « une ambiguïté. » Et l'*ambiguïté* demeure la même, soit qu'on proclame que construire le parlementarisme est l'unique solution, et qu'il le faut, soit qu'on se borne à reconnaître que c'est une des solutions possibles : et qu'on le peut. « Le parlementarisme anglais étant le seul qui fonctionne utilement depuis deux siècles, — et d'ailleurs étant, comme il l'est, le prototype de tous ceux de l'Europe occidentale, — faut-il entendre par le mot *construire* la réformation de nos parlements sur le modèle anglais ? ou devons-nous aller à la recherche d'autres formes de gouvernement, pourvu qu'elles répondent aux définitions données et généralement acceptées ? »

Section II

Dans ma pensée, il n'y a pas de doute : c'est la seconde méthode qui est la bonne, et je n'hésite pas à répondre que oui, que nous devons aller à la recherche, non peut-être de nouvelles formes de gouvernement, mais de nouvelles combinaisons, de nouveaux arrangements du gouvernement représentatif ou parlementaire. Loin qu'il y ait lieu de pousser les divers États de l'Occident européen à se rapprocher du régime anglais, il est permis de se demander si le régime anglais convient encore très bien à l'Angleterre d'aujourd'hui. Évidemment, en Angleterre, certains éléments du régime anglais devaient rester et sont restés constants, quand il n'y aurait que le facteur espace, que le milieu géographique, et que la race, le milieu ethnique. Aussi s'est-il beaucoup moins déformé lui-même et au dedans, qu'il n'a été, au dehors, déformé par ses imitations continentales. Cependant le milieu civil, économique et moral, ou d'un mot le milieu social, s'est modifié autour de lui plus vite que lui ; par-ci par-là, il a comme des airs de diligence roulant sur une voie ferrée, quelque chose de vieillot et de suranné, si bien que çà et là, dans ses accoutrements, ses manières et ses démarches, on ne sait trop s'il est plus vénérable ou plus ridicule ; si bien, en tout cas, que là encore l'équilibre est rompu et qu'en Angleterre même, le parlementarisme anglais n'est plus en harmonie avec le milieu. Quoiqu'on ait essayé de le rajeunir, notamment par l'élargissement progressif du corps électoral, le désaccord, selon les vraisemblances, ira en s'accentuant à mesure précisément qu'on voudra faire passer plus de force démocratique dans cette machine éminemment aristocratique ; et, de toutes façons, ce n'est pas l'instant de recommencer les copies.

M. le marquis Tanari incline, lui aussi, vers cette opinion : « Sans vouloir insister, dit-il, sur l'incompatibilité qu'il y a, à mon avis, entre l'égalité démocratique et l'idée d'une véritable organisation, — par conséquent d'un parlementarisme vraiment utile, exempt des défauts et de la corruption qui l'ont discrédité dans l'opinion générale, — si le problème doit être posé en ces termes : « Corriger les déformations que le « prototype anglais a subies parmi les peuples occidentaux de l'Europe, » je crains fort qu'il ne soit insoluble. » Et insoluble pourquoi ? A cause, toujours, de la différence des milieux. « En Angleterre, il n'y a pas d'égalité démocratique, mais il y a des classes qui sont à peu près des ordres. La royauté y conserve un prestige puissant, et l'aristocratie y jouit de privilèges et d'institutions remontant à une haute antiquité. L'Angleterre vit encore d'une tradition historique dans laquelle et par laquelle les éléments disparates s'équilibrent et s'harmonisent suffisamment, malgré les modifications que le temps y a apportées. — Et ces constatations, si je ne me trompe, observe spirituellement l'honorable sénateur, valent bien l'Océan du prince de Ligne ! »

Je sais qu'il y aurait à dire là-dessus, et que ces constatations, pour vraies qu'elles soient dans leur ensemble, étaient plus rigoureusement vraies de l'Angleterre d'il y a un demi-siècle que de l'Angleterre d'à présent. Ce serait aller un peu loin que de prétendre qu'il y a, en Angleterre, une « égalité démocratique ; » mais tout de même il y a une espèce « d'égalité britannique, » et comme une commune fierté du *Civis britannus sum*, qui est entre tous les Anglais une égalité plus réelle sans doute que notre égalité, toute verbale et oratoire, d'ici. Ce serait aller presque aussi loin que de vouloir qu'il n'y ait plus de classes en Angleterre ou que ces classes n'y soient plus des ordres. Si, il y a encore en Angleterre des classes, mais elles se compénètrent davantage, et elles sont encore à demi des ordres, mais on y entre. Ce serait, enfin, nier l'évidence que de nier que la royauté conserve, de l'autre côté du détroit, un prestige puissant et même récemment renforcé par le concours de diverses circonstances : le règne long, prospère et glorieux d'une femme, l'immense accroissement de l'Empire, etc., etc. ; circonstances dont la moindre n'est peut-être pas, si paradoxal que cela paraisse au premier abord, la perte ou l'abandon volontaire par la Couronne d'à peu près tout son pouvoir effectif, de sorte que, n'ayant plus rien à redouter d'elle, on l'aime mieux et on la respecte infiniment ; quoi qu'il en soit, du reste, pouvoir effectif ou puissance morale, la royauté est vraiment le point fixe, et comme l'ancre ou la chaîne de sûreté de la constitution anglaise.

Celui-là aussi nierait l'évidence même qui nierait qu'en Angleterre l'aristocratie jouisse de privilèges remontant à la plus haute antiquité ; mais d'autre part, comment ne pas remarquer que toute l'aristocratie qui en jouit ne remonte pas, elle, — et il s'en faut de beaucoup pour beaucoup de ses membres ! — à l'antiquité la plus haute ? et que peu à peu ces privilèges ou se restreignent ou se partagent ? Les très vieilles familles qui subsistent authentiquement et en ligne directe se comptent, et je crois qu'un curieux, se livrant dernièrement à ce petit calcul, a eu vite fait de les compter ; en compensation, il y a bien des façons nouvelles d'acquérir la pairie, ne fût-ce que par fortune rondement et rapidement faite. Encore que ; par son ancienne fraction héréditaire, la Chambre des lords garde jusqu'à un certain point sa physionomie, quelques lignes pourtant commencent à s'en effacer, et ainsi il y a quelque chose d'ébranlé dans les fondations de l'édifice politique anglais ; le ciment aristocratique, dont il était maçonné, se désagrège ; le facteur temps fait son office. Et nous ne nierons pas non plus qu'en Angleterre ait longtemps régné la règle classique du noble jeu parlementaire, la dualité des partis ; mais, en revanche, qui niera qu'elle soit maintenant elle-même atteinte et ébranlée ? La section n'est plus aussi nette, et entre les deux grands partis historiques, s'en détachant et s'y ralliant tour à tour, tantôt les séparant, et tantôt les rejoignant, bourgeonnent plusieurs petits groupes. Ce sont autant de raisons que nous donne l'Angleterre d'aujourd'hui de ne pas nous entêter à vouloir reproduire chez nous, quand lentement elle fléchit chez elle, l'Angleterre de Guillaume d'Orange ou des premiers Georges.

Après quoi, pour ne pousser rien à l'extrême, nous ne ferons nulle difficulté de reconnaître, comme l'affirme M. le marquis Tanari, que l'Angleterre vit encore de la tradition ; et, prenant des exemples au plus près, il serait aisé de citer la perruque des magistrats, le sac de laine du chancelier, quoi encore ? cet acte du XIIIe ou du XIVe siècle qui fut invoqué naguère lorsque la Reine voulut donner à sa fille, la princesse Béatrice de Battenberg, la capitainerie ouïe gouvernement de l'île de Wight ; et combien, par surcroît, d'autres menus faits semblables ! Seulement qu'on y prennes garde : c'est là une tradition en quelque manière superficielle et extérieure, purement formelle, et qui est plutôt de la survivance que de la vie. Toutefois veut-on que ce soit de la vie et que l'Angleterre en vive ? Veut-on bien davantage, et que nous avouions qu'il n'est pas jusqu'aux grands mouvements de réforme, jusqu'aux révolutions, qui n'aient été accomplis en Angleterre pour revendiquer, pour rétablir, pour ressusciter des droits et des libertés prescrites, à telles enseignes qu'on pourrait dire que l'Angleterre n'a fait que des révolutions *selon la tradition, des révolutions en arrière* ? — Mais alors c'est une raison de plus, et celle-là décisive, de ne point nous lancer aveuglément dans les imitations anglaises.

Radicale, en effet, est la différence, et la contradiction inconciliable, avec les peuples continentaux, et surtout les peuples occidentaux de l'Europe. Ils n'ont fait, eux, que des révolutions *contre la tradition, des révolutions en avant.* « La Révolution française de 1789 (dont les principes ont plus ou moins pénétré par tout l'Occident), écrit M. le marquis

Tanari, dans l'excellente intention de purger la société humaine des maux de l'ancien régime…, s'est plu à traiter son malade par des moyens extrêmes, dignes d'un boucher ou d'un voleur. (Les termes sont sans doute un peu vifs, mais nous n'avons pas à les atténuer.) Elle a, je pense, dépassé son but. En faisant *tabula rasa* de toutes les institutions qu'elle a trouvées, elle a tué du même coup les traditions historiques de tous les peuples. Pour vivre, ces peuples n'ont désormais d'autre loi que l'*opinion* et comme remède à ses écarts que des *précédents*. » Mais l'opinion est actuelle et mouvante, point éprouvée, jamais fixée ; les précédents peuvent être arbitrairement créés, arbitrairement interprétés. L'opinion est impulsive et propulsive à l'extrême, les précédents ne suffisent pas à la régler et à la retenir. Avec des opinions, on ne saisit pas la vérité, ou l'on n'est pas sûr de l'avoir saisie, ou l'on ne sait pas pour combien de temps on l'a saisie ; avec des précédents, on ne refait pas une tradition. « Or, sans tradition, il n'est pas de parlementarisme possible et utile, du moins de parlementarisme à l'anglaise. »

Eh bien ! donc, puisque le parlementarisme à l'anglaise, en vieillissant, s'est déformé en Angleterre même ; puisque, sur le continent, il s'est déformé plus encore, se trouvant subitement déporté hors de ses conditions et de ses circonstances naturelles ; et, bien que le seul qui ait utilement fonctionné depuis deux siècles en Angleterre, puisque, sur le continent, il ne réussit pas à fonctionner utilement ; bien qu'il soit le prototype de tous ceux de l'Europe occidentale, puisqu'aucun ne rend assez fidèlement ses traits ; puisque la Mère des Parlements n'a pu avoir un enfant qui lui ressemble et que tous ont plus ou moins mal tourné ; voilà « l'ambiguïté » résolue. *Il ne faut pas entendre par le mot* construire le parlementarisme » *la réformation de nos parlements sur le modèle anglais.* Il faut aller à la recherche de formes nouvelles, d'arrangements nouveaux du régime

représentatif, disons-le franchement : à la recherche d'un
parlementarisme moderne qui soit un parlementarisme *réel*.

Section III

D'un parlementarisme ? Le pluriel serait plus exact. Il faut nous mettre en quête de formes nouvelles, et nationales, et locales du parlementarisme. Il faut être Français en France, Italien en Italie, et Prussien en Prusse. Ce qui signifie, en y regardant de plus près, que le parlementarisme, étant un fait récent, européen et occidental, paraît être d'une manière générale le régime qui convient, en ce vingtième siècle commençant, à toutes les nations de l'Europe occidentale ; mais que, si l'on ne veut pas qu'il y subisse des déformations qui le faussent et le paralysent, il faut que chaque nation l'accommode et l'adapte à ses conditions et à ses circonstances naturelles, à son propre milieu. Les formes du parlementarisme ne peuvent être absolument et identiquement les mêmes pour tous les pays, parce que tous les pays ne sont pas les mêmes, ni tous les peuples, ni la géographie, ni l'histoire, et qu'ici manquent des éléments qui se rencontrent là. Ces formes ne peuvent être les mêmes, pour la France par exemple et pour l'Italie, parce que l'Italie a retenu l'élément monarchique que nous avons éliminé en France ; et elles ne peuvent guère plus être les mêmes pour l'Italie et pour la Prusse, parce qu'il n'y a pour ainsi dire aucun rapport entre un roi de Prusse et un roi d'Italie, lesquels sont presque aussi différents l'un de l'autre que le sont entre eux le roi d'Italie et le président de la République française. Et il en est ainsi de tous les éléments qui doivent entrer en composition dans le régime politique des nations, et toutes les données changent comme celle-là. Affaire d'observation et de dosage ; point de *codex*, de formulaire rigide : la règle est en ces choses de remplacer la règle par une sage opportunité.

Est-ce à dire pourtant que, nationales et locales en leur arrangement, dans la combinaison et-par la proportion de leurs éléments, les formes nouvelles du parlementarisme n'auront pas quelque point ou quelque trait commun ? Nullement : elles en auront au moins deux, dont le premier est que, par toute l'Europe occidentale, le nouveau parlementarisme sera un parlementarisme *moderne*, et le second, que ce sera un parlementarisme *réel*. J'entends *moderne*, par opposition au parlementarisme de type anglais qui, au moment où le continent l'a adopté, était déjà trop vieux pour lui ; et j'entends *réel*, par opposition à ce parlementarisme qui, depuis que le continent l'a adopté, n'y a jamais été rien que d'artificiel et de conventionnel, d'inconsistant et d'inexistant, de folâtre et de falot. J'entends par *moderne* et par *réel* que, dans toute l'Europe occidentale, il correspondra à un état social, sensiblement pareil dans tout l'Occident de l'Europe où se posent à cette heure les mêmes questions et qui à cette heure souffre de la même crise. J'entends par-là que, comme l'état social de l'Europe contemporaine n'est plus du tout celui qui servit jadis à construire le parlementarisme anglais, le parlementarisme qu'il s'agit aujourd'hui de construire doit être modelé sur cet état social, et non sur autre chose : c'est de cet état social réel de l'Europe *moderne* qu'il doit tirer ses cadres et emprunter ses formes ; par quoi véritablement il sera *moderne* et *réel*. S'il n'y avait dans les mots un peu de grossissement, on pourrait dire du parlementarisme anglais qu'avec ses classes qui sont ou qui étaient des ordres, il était, et il est encore d'essence « aristocratique » et « de type plutôt féodal ou militaire, » tandis que le parlementarisme nouveau, à quelques modifications locales et nationales qu'il se prête, sera décidément « d'essence démocratique » et « de type industriel » ; ou encore, puisqu'on est en veine de prendre le langage des positivistes, qu'après « l'état fétichiste » et « l'état polythéiste » du régime parlementaire, en voici venir « l'état positif. » C'est cela même, et le parlementarisme qu'il nous faut à présent construire, c'est un parlementarisme *moderne* et *réel* ; c'est proprement un *parlementarisme positif.*

Maintenant, est-il possible de le construire ? Question qui en implique une autre : est-il possible d'organiser la démocratie ? A ces deux questions aussi je répondrais : Oui, tout de suite, si M. le marquis Tanari ne m'opposait une objection en quelque sorte préliminaire, qui ne me semble point irréfutable, et qu'il est peut-être bon de réfuter d'abord, avant de produire une affirmation qu'elle affaiblirait, ou même qu'elle remettrait en cause.

Section IV

« S'il est vrai que l'égalité démocratique est un principe qu'on ne peut désormais méconnaître, cette idée d'égalité s'accorde-t-elle avec l'idée d'une véritable organisation ? En d'autres termes : Peut-on concevoir une organisation quelconque qui ne soit pas composée d'éléments spécifiquement divers, hiérarchiquement associés pour une fin d'utilité commune : la vie de l'être ? » Telle est cette dernière objection de M. le marquis Tanari, qui ne me paraît ni dirimante, ni même très embarrassante. Oui, en effet, toute organisation suppose des éléments spécifiquement *divers*, et *associés*, et *hiérarchiquement* associés *pour une fin commune*, qui est ici *la vie de l'être*. Impossible de concevoir une « organisation » qui ne soit pas cela ; et, comme on le faisait, avec beaucoup de force et de raison, remarquer l'autre jour à cette place : « Dans l'unité organique, l'harmonie résulte de la différenciation même des parties qui la constituent, et là même est le point de distinction de l'organique et de l'inorganisé. » Mais je dis, appliquant mot pour mot et dans toute leur rigueur à la démocratie ces conditions de toute organisation, qu'il n'y en a pas une seule à laquelle elle ne puisse satisfaire : comme toute autre forme de société ou de gouvernement, elle se compose *d'éléments spécifiquement divers*, pour ce motif en lui-même suffisant qu'il ne se peut imaginer de société qui ne s'en compose ; comme en toute autre forme de société ou de gouvernement, ces éléments divers y sont *associés* en vue de la vie de l'être, qui est leur fin commune ; et je dis même que rien n'empêche que, comme dans toute autre forme de société et de gouvernement, ils y soient *hiérarchiquement* associés.

Le monde réel ne nous fournit point d'autres cas d'organisation : — soit ; toute organisation est une intégration de parties entre elles différenciées, associées, et hiérarchisées :

— soit encore. Il est aussi utopique de prétendre faire vivre une société, et l'organiser avec des éléments factices ou de commande, que de prétendre fabriquer un homme par des procédés mécaniques : votre bonhomme et votre société ainsi faits ne seront jamais que des automates plus ou moins réussis : — soit ; je suis loin d'y contredire, et je ne demande pas mieux que d'y souscrire pour ma part, toutes réserves exprimées sur le degré de *positivité* à donner à la comparaison des sociétés avec des organismes ou des êtres vivants. Mais, cela posé, — et nous le posons, — où prend-on qu'il soit besoin, pour organiser la démocratie, de « recourir à des procédés mécaniques » ou d'y introduire de force ou d'astuce « des éléments factices et de commande ? » Comme toute autre forme de société ou de gouvernement, la démocratie porte en elle-même des éléments naturels d'organisation. Elle en porte suffisamment, et de parfaitement suffisants. Supposons, par exemple, que, comme nous l'avons indiqué, on fasse de la profession l'élément principal de l'organisation du suffrage universel, qui elle-même doit être la partie principale de l'organisation de la démocratie. Quoi de factice là-dedans ? Quels éléments plus naturels, moins artificiels que la profession ? Lesquels sont entre eux plus *différenciés* que les professions ne le sont entre elles ? Lesquels *se spécialisent* plus sûrement ? Lesquels *s'associent* et *coopèrent* plus spontanément à la *fin commune* de l'être social : la vie sociale ? et d'un être social bien déterminé, la nation : la vie nationale ? Il n'est pas d'éléments qui se coordonnent mieux ; mais, — sans discuter d'ailleurs si ce n'est pas assez qu'il y ait coordination pour qu'il y ait organisation ou s'il y faut de toute nécessité la subordination des éléments, — je ne crains pas d'avancer que, même dans une démocratie qui a l'égalité pour principe, les éléments de la vie sociale, de la vie nationale, non seulement se coordonnent, mais se subordonnent hiérarchiquement.

Du moment qu'elle vit, et qu'elle n'est pas une abstraction pure, la démocratie, comme toute autre forme de société, de gouvernement et de vie, ne peut se passer ni de fonctions différenciées ni de fonctionnaires différents, et, si égalitaire qu'elle soit, ni elle n'égalise les fonctions, ni elle n'égalise les fonctionnaires. Même dans la démocratie la plus égalitaire, il ne viendra à l'esprit de personne de dire que le cantonnier qui rabote la route est, comme fonctionnaire, l'égal du ministre des Travaux publics, ou que les fonctions de juge de paix et celles de premier président de la Cour de cassation s'équivalent.

Car enfin, il faudrait une bonne fois s'entendre sur ce que c'est que l'égalité, même dans la démocratie. Ni là, ni nulle part, égalité ne signifie ni identité, ni uniformité. Tout ce que proclame la démocratie par *égalité*, c'est que personne n'est « disqualifié » au point de départ, et, si l'on nous passe ce jargon de champ de courses, que tout le monde y est « handicapé. » Tout ce qu'elle proclame, c'est que *légalement* tous les emplois sont accessibles à tout le monde, que *légalement* aucun n'y est inaccessible à personne. On n'a jamais dit autre chose, et voici ce que disait textuellement Louis Blanc dans le fameux programme rédigé pour le journal *La Réforme*, en 1848 : « Tous les hommes sont frères. Où l'égalité n'existe pas, la liberté est un mensonge… » Puis, immédiatement après : « La société *ne saurait vivre que par l'inégalité des aptitudes et la diversité des fonctions*[1]… » Ainsi la démocratie même la plus égalitaire ne va pas au-delà ; parce qu'aller au-delà, ce serait supprimer toute subordination et toute hiérarchie ; mais que supprimer toute hiérarchie, c'est se jeter dans l'anarchie ; et que se jeter dans l'anarchie, c'est se suicider, c'est n'être plus ni une société, ni un gouvernement, ni par conséquent une démocratie, ni rien qui ait un nom dans aucune langue. Tant que la démocratie mérite le mot

1 Louis Blanc, *Révélations historiques*, en réponse au livre de lord Normanby, Bruxelles, 1859. t. Ier, p. 67.

de société et de gouvernement, tant qu'elle vit, elle admet donc, et elle suppose, comme toute forme de société et toute forme de gouvernement, des fonctions différenciées, mais associées, coordonnées, ou même subordonnées, à des fins d'utilité commune ; elle présente donc des éléments naturels et nullement factices d'organisation ; elle peut donc être organisée.

Et donc un parlementarisme *réel* peut être construit. Il peut l'être avec les éléments mêmes qui serviront à l'organisation de la démocratie ; et le construire serait en même temps travailler à cette organisation. Je viens de rappeler que la profession pourrait être prise pour cadre ou pour base. Et, comme je demandais tout à l'heure : Quoi de moins factice ? quoi de plus naturel ? de plus profondément différencié, de plus nettement spécialisé, de plus spontanément associé pour le bien commun ? je demande à présent : Quoi de plus *réel* ? Quelle politique plus *réaliste* ? Et quel parlementarisme plus conforme aux conditions et aux circonstances, plus en harmonie avec le milieu, que celui qui, se fondant sur ce fait que les questions économiques ou sociales passent de plus en plus au premier plan de la vie nationale, ferait passer, avec la profession, un élément social ou économique au premier rang de la représentation nationale ? par-là les institutions évolueraient comme les nations ; par-là l'équilibre, aujourd'hui rompu à notre grand dommage, serait rétabli entre l'état social et le régime politique ; et par-là le parlementarisme *réel* rentrerait dans la définition de tout parlementarisme, où du reste il rentrerait sous quelque aspect qu'on l'examine. Il serait certes ce qu'est le parlementarisme originairement et essentiellement, dans sa règle et dans sa loi : un système de gouvernement par séparation, par relation et par équilibre des organes et des fonctions de la vie politique de la nation ; ou, du moins, rien dans ses éléments constitutifs ne s'opposerait à ce qu'il le fût, et tout dépendrait de l'arrangement. Nous tenons toujours la directrice : il faut *construire* le parlementarisme moderne ; le parlementarisme doit être *réel* ; le parlementarisme *peut* être construit.

Mais, qu'on le construise, durera-t-il ? — interroge-t-on ;

— et j'ai quelque regret, pour ce que le mot a de raide et d'architectural, pour ce qu'il comporte de permanence et d'immobilité, d'avoir peut-être abusé du verbe : *construire*. Il faut en prendre notre parti. Dans le monde sans cesse agité par tant de secousses ; où la loi, qui jadis était conservatrice par excellence, est elle-même devenue un agent de transformation ; et sur lequel pèse toujours, en un point d'application bien choisi, l'irrésistible levier du Nombre érigé en toute-puissance ; dans ce monde qui nous est fait, nous ne construirons plus pour des siècles : tâchons au moins de planter une tente pour des années. Dans le monde moderne, emporté d'un mouvement rapide, l'idéal n'est pas désormais d'avoir des institutions très solides, très résistantes, mais au contraire des institutions très souples, très plastiques, qui fassent, aux sociétés et aux nations comme une enveloppe, qui leur soient comme un tissu extérieur, et qui se prêtent à toutes leurs évolutions.

Ce qu'elles dureront, nul ne le sait ; mais on sait d'abord qu'elles ne dureront pas, comme autrefois, simplement, en durant ; qu'elles ne dureront qu'en se modifiant ; qu'elles dureront d'autant plus longtemps qu'elles se modifieront plus aisément ; et qu'elles se modifieront d'autant plus aisément qu'elles suivront de plus près la réalité ; ensuite on ne voit pas pourquoi elles ne dureraient pas autant qu'a duré dans le passé le parlementarisme à l'anglaise ; et enfin, on peut être assuré qu'elles dureraient beaucoup plus qu'il ne saurait durer à l'avenir ; puisque, dès à présent, et sur le continent du moins, n'étant plus en harmonie avec le milieu ; n'étant plus conforme aux conditions et aux circonstances ; incapable de maintenir l'équilibre entre l'état social et le régime politique aussi bien qu'entre les fonctions et les organes de la vie politique d'un peuple ; impuissant à donner ce gouvernement par séparation et par relation des pouvoirs publics qu'est par définition le régime parlementaire ; dès ce moment, il est jugé et il est condamné : il est mort.

ISBN : 978-1722302962

www.ingramcontent.com/pod-product-compliance
Lightning Source LLC
Chambersburg PA
CBHW072332270726
48658CB00016B/2372